EINFACH GUT

PETER ROTH

COCKTAILS AUS ALLER WELT

FALKEN

Inhalt

Zu diesem Buch

Der Begriff „Cocktail" kommt aus den USA. Vor etwa 150 Jahren waren Hahnenkämpfe im Süden der Vereinigten Staaten sehr verbreitet. Der Besitzers des siegreichen Hahns durfte dem getöteten Hahn seines Gegners die Schwanzfedern als Trophäe ausreißen. Das mußte natürlich gebührend gefeiert werden: „Let's have a drink on the cock's tail!". Die gemixten Köstlichkeiten können, je nach Alkoholgrad, vor oder nach dem Essen genossen werden. Unabdingbar für einen guten Cocktail ist das angenehme Ambiente einer gepflegten Bar. Ein wenig „Baratmosphäre" können Sie sich auch zu Hause schaffen, in dem Sie Ihre Cocktails selbst mixen. Die Rezepte des vorliegenden Buchs stammen von einem erfahrenem „Chef de Bar", Herrn Peter Roth. Gleich vorab einige Tips von ihm für eine erfolgreiche Bar:

Achten Sie stets darauf, nur Markenprodukte und frische Zutaten (Früchte für die Garnitur) zu verwenden.

Alle für die Drinks notwendigen Geräte, Gläser, Zutaten und Garnituren müssen vor dem Mixen bereit stehen.

Ein vorgekühltes Glas – wenn im Rezept angegeben – wird mit Eiswürfeln oder in etwa 10 Minuten im Tiefkühlgerät vorgekühlt.

Mischen Sie nie mehr als 2 Longdrinks oder 4 Shortdrinks auf einmal im Shaker, Mixglas oder Mixer.

Das Eis ist wesentlicher Bestandteil aller Drinks. Verwenden Sie nie wäßriges Eis, da sonst die Gefahr besteht, daß auch die Drinks wäßrig schmecken.

Servieren Sie Drinks immer eiskalt und sofort auf einer kleinen Papierunterlage (Serviette oder ähnliches).

Frisches Obst und Gemüse sind beim Herstellen von Cocktails eine unentbehrliche Zutat. Sie dienen nicht nur als Dekoration, sondern runden als wichtige Bestandteile viele Mixgetränke auch geschmacklich ab. Verwenden Sie nur reife, makellose Ware. Bei der Zubereitung gehen wir davon aus, daß das Obst bereits gewaschen und geputzt ist. Daher wird dies in den Rezepten nicht noch einmal gesondert erwähnt.

Auf dem Foto links:
Peter Roth, Chef de Bar, in der Kronenhalle-Bar in Zürich

Abkürzungen:

EL = Eßlöffel
TL = Teelöffel
ml = Milliliter
cl = Zentiliter
l = Liter
g = Gramm

Maßeinheiten:

1 cl = 10 ml
1 TL = 5 ml
1 Spritzer = $^1/_4$ TL
2 Spritzer = $^1/_2$ TL

Die Rezepte sind, wenn nicht anders angegeben für **1 Cocktail** berechnet.

Barutensilien und -geräte

Zur Grundaustattung einer Bar gehören folgende Utensilien:

Gläser:
Cocktailglas (100 ml)
Großes Cocktailglas (200 ml)
Champagnerglas (100 ml)
Champagnerkelch (200 ml)
Tumblerglas (200 ml)
Longdrinkglas (300 ml)

Trinkhalme
Viele Getränke, vor allem Longdrinks, werden zusammen mit einem Trinkhalm serviert.

Zahnstocher
Diese braucht man für die Dekoration der Drinks.

Servietten
Diese werden als Beigaben für den Service verwendet, beispielsweise kleine, runde Servietten, auf die man den Drink stellt.

Wer die Anschaffung eines Barsets für kompliziert oder gar unerschwinglich hält, besitzt eine falsche Vorstellung. Mit dem folgenden Zubehör lassen sich die meisten Drinks zubereiten: Shaker, Mixglas, Strainer (Barsieb), Meßglas, Barlöffel, Eislöffel, Eisgefäß, Schneidebrett, Früchtemesser, Flaschenöffner und Mixer.

Shaker
Dieses Gerät, auch Schüttelbecher genannt, gibt es in verschiedenen Standardausführungen. Der dreiteilige Shaker enthält ein integriertes Sieb, das Eisstücke beim Abgießen zurückhält. Der Nachteil dieses Gerätes besteht darin, daß man für das Abgießen des fertigen Drinks und die anschließende Reinigung sehr viel Zeit aufwenden muß. Profis arbeiten vorzugsweise mit dem zweiteiligen Shaker: Er kann aus Silber sein oder ein sogenannter Boston Shaker, bestehend aus Glas und Metallbecher. Bei diesem Shaker ist kein Sieb integriert, deshalb ist es notwendig, mit einem Barsieb zu arbeiten. Wichtig: Schütteln Sie die Drinks immer nur kurz und kräftig, höchstens aber 10 Sekunden lang.

Mixglas
Im Mixglas oder Rührglas werden jene Drinks zubereitet, die kurz vermischt werden. So bleiben Sie konzentriert im Geschmack und werden nicht trübe.

Strainer (Barsieb)
Ohne Strainer geht es nicht: Nur mit Hilfe der Spirale am Rand des Barsiebs werden Eiswürfel und Fruchtstücke beim Abgießen vollständig zurückbehalten.

Meßglas
Dieses ist unbedingt notwendig, um die angegebenen Zutaten genau abzumessen. Perfekte Drinks erhalten Sie nur durch penibles Einhalten der Vorgaben, denn beim Mixen gibt es kein „ungefähr".

Barlöffel
Diesen benötigen Sie zum Umrühren. Ein Barlöffel sollte lang sein, damit er selbst in einem hohen Mixglas eine perfekte Mischung der Zutaten ermöglicht.

Eislöffel
Eiswürfel oder zerstoßenes Eis wird niemals mit der Hand ins Glas gegeben. Auch ein Eßlöffel kann den Eislöffel ersetzen, für Eiswürfel nimmt man eine Eiszange.

Eisgefäß
Es gibt Eisgefäße aus Glas, Metall oder Kunststoff. Sie dienen zum Aufbewahren von Eiswürfeln oder zerstoßenem Eis.

Schneidebrett
Das Schneidebrett dient dazu, die Früchte für die Dekoration darauf zu schneiden. Sie sollten es nicht für andere Zwecke gebrauchen, damit es keine Fremdaromen annimmt.

Früchtemesser
Für die Fruchtgarnituren der Drinks benötigt man eine kleines Schneidemesser. Große Früchte, wie etwa eine ganze Ananas oder eine Mango erfordern ein entsprechend größeres Küchenmesser.

Flaschenöffner
Für Ihre Bar ist ein Flaschenöffner am zweckmäßigsten, der sich sowohl zum Korkenziehen als auch für Kronenkorken eignet.

Mixer
Ein Stabmixer eignet sich vor allem für Drinks, die länger gemixt werden müssen. In der Regel kann der Stabmixer durch den Shaker ersetzt werden. Ein Mixer mit Messervorsatz ist ideal zum Mixen von Drinks mit frischen Früchten und für Frozen Drinks.

EUROPA

Der Cocktail wurde in Europa zwar nicht erfunden, doch findige Barmixer haben aus den Spirituosen ihrer Heimat unzählige köstliche Drinks kreiert.

Swimming Pool

stammt aus Deutschland

2 cl Wodka
2 cl weißer Rum
6 cl Ananassaft
2 cl Kokosnußmilch
2 cl Sahne
1 cl Curaçao Blue
3–4 Eiswürfel
3–4 EL zerstoßenes Eis

Zum Garnieren:
1 Stück Ananasscheibe
1 Kirsche mit Stiel

Alle Zutaten für den Drink– mit Ausnahme von Curaçao Blue und zerstoßenem Eis – im Mixer oder im Shaker mischen und durch das Sieb in ein mit dem zerstossenen Eis gefülltes Longdrinkglas abgießen. Den Curaçao Blue darübergleiten lassen. Die Ananasscheibe und die Kirsche auf ein Cocktailspießchen stecken und dieses über den Glasrand legen. Den Swimming Pool zusammen mit einem Trinkhalm servieren.

Tip:
Curaçao Blue ist ein mit Farbstoff versetzter Orangenlikör, der aus den Schalen einer Pomeranzenart hergestellt wird. Ursprünglich wuchs die Bitterorangenart nur auf der Insel Curaçao vor der Küste Venezuelas, daher hat der Likör seinen Namen. Curaçao gibt es in vielen Farben.

Bargeflüster:
Dieser Cocktail wurde von Charles Schumann, Schumann's Bar, München kreiert.

Bloody Mary
stammt aus Frankreich

2 Spritzer Zitronensaft
1 Prise Selleriesalz
1 Prise schwarzer Pfeffer aus der Mühle
1 Spritzer Worcestershiresauce
evtl. 1 Spritzer Tabasco
4 cl eisgekühlter Wodka
10 cl gekühlter Tomatensaft

Zum Garnieren:
1 Stück Stangensellerie

Den Zitronensaft und die Gewürze in einem Tumblerglas verrühren. Den Wodka und den Tomatensaft dazugeben. Das Ganze mit einem Barlöffel gut verrühren. Den Drink mit dem Selleriestück garnieren.
(auf dem Foto: links)

Jackpot
stammt aus Österreich

4 cl Wodka
2 cl Pfirsichlikör
1 cl Zitronensaft
3 cl Pfirsichnektar
8 cl Orangensaft
6–8 Eiswürfel

Zum Garnieren:
frische Früchte der Saison

3 bis 4 Stück Eis und die Zutaten im Shaker schütteln und durch das Sieb in ein mit 3 bis 4 Eiswürfeln gefülltes Longdrinkglas abgießen. Mit Früchten der Saison garnieren und einen Trinkhalm dazugeben.
(auf dem Foto: Mitte)

Absolut Northern Style
stammt aus Schweden

3 cl Absolut Wodka
1,5 cl Crème de Cassis
15 cl Apfelwein
3–4 Eiswürfel

Zum Garnieren:
1 Cocktailkirsche mit Stiel

Ein Longdrinkglas mit Eis, Absolut Wodka, Crème de Cassis sowie Apfelwein füllen und umrühren. Die Cocktailkirsche ins Glas geben.
(auf dem Foto: rechts)

Don Pedro
stammt aus der Schweiz
(Création Peter Roth)

2 cl Wodka
2 cl Vermouth Dry
1 cl Crème de Cassis
1 cl Galliano
7–8 Eiswürfel

Zum Garnieren:
1 dünner Zitronenschalenstreifen
1 Cocktailkirsche

Die Zutaten mit den Eiswürfeln im Mixglas verrühren und durch das Sieb in ein vorgekühltes Cocktailglas abgießen. Aus dem Zitronenschalenstreifen einen Knoten bilden. Diesen zusammen mit der Kirsche mit Hilfe eines Zahnstochers am Glasrand befestigen.

Golden Tulip

stammt aus Holland
(Création Gerry Kooyman)

2 cl Wodka
1 cl Apricot Brandy
1 cl Curaçao
1 cl Orangensaft
1 cl Zitronensaft
5–6 Eiswürfel

Zum Garnieren:
1 Orangenscheibe
1 Cocktailkirsche

Die Zutaten im Shaker zusammen mit Eis gut schütteln und durch das Sieb in ein vorgekühltes Cocktailglas abgießen. Mit der Orangenscheibe und der Kirsche garnieren und sofort servieren.

Gimlet

stammt aus England

3–4 EL zerstoßenes Eis
4 cl Gin oder Wodka
2 cl Rose's Lime Juice

Zum Garnieren:
1 Limettenscheibe

Das zerstoßene Eis in ein Tumblerglas geben. Die Zutaten darübergießen und umrühren. Mit einer Limettenscheibe garnieren. Auf Wunsch kann der Gimlet auch im Mixglas zubereitet und im Cocktailglas serviert werden.

John Collins

stammt aus Holland

3–4 Eiswürfel
4 cl Genever
2 cl Zitronensaft
2 cl Zuckersirup
Sodawasser

Zum Garnieren:
1 Zitronenscheibe
1 Cocktailkirsche

Die Eiswürfel in ein Longdrinkglas geben. Die Zutaten darübergießen und umrühren. Die Garnitur ins Glas geben und den John Collins zusammen mit einem Trinkhalm servieren.

Ladykiller

stammt aus der Schweiz
(Création Peter Roth)

6–8 Eiswürfel
3 cl Gin
1,5 cl Cointreau
1,5 cl Apricot Brandy
6 cl Maracujasaft
6 cl Ananassaft

Zum Garnieren:
1 Orangenschalenspirale
2 Pfefferminzblätter
1 Cocktailkirsche

Zunächst 3 bis 4 Eiswürfel und die Zutaten im Shaker mischen und durch das Sieb in ein Longdrinkglas abgießen. 3 bis 4 Eiswürfel ins Glas dazugeben. Die Orangenschalenspirale um die Kirsche wickeln und so eine Rose formen. Die Pfefferminzblätter dazugeben und alles mit einem Zahnstocher befestigen. Den Drink zusammen mit der Garnitur und einem Trinkhalm servieren.

Meiner

stammt aus Deutschland
(Création Peter Bohrmann)

- 4 Eiswürfel
- 3 cl Gin
- 15 cl Orangensaft
- 2 cl Campari

Zum Garnieren:
- 1 Orangenscheibe

Die Eiswürfel in ein Longdrinkglas geben. Den Gin und Orangensaft darübergießen und umrühren. Die Orangenscheibe ins Glas legen und den Campari dazugeben.
(auf dem Foto: links)

White Lady

stammt aus England

- 3 cl Gin
- 1,5 cl Cointreau
- 1,5 cl Zitronensaft
- 5–6 Eiswürfel

Die Zutaten zusammen mit Eis im Shaker kräftig schütteln und durch das Barsieb in ein vorgekühltes Cocktailglas abgießen.
(auf dem Foto: rechts)

Bargeflüster:
Harry MacElhone kreierte bereits 1919 in London einen White Lady Cocktail mit weißer Crème de Menthe, Cointreau und Zitronensaft. Als Begründer der legendären Harry's New York Bar änderte er das Rezept und mixte es fortan mit Gin, Cointreau und Zitronensaft.

I.B.U. Cocktail

stammt aus Deutschland

2 cl Cognac
2 cl Apricot Brandy
2 cl Orangensaft
8 cl gut gekühlter, trockener Sekt oder Champagner
5–6 Eiswürfel

Cognac, Apricot Brandy und Orangensaft zusammen mit den Eiswürfeln im Shaker schütteln und durch das Sieb in einen vorgekühlten Champagnerkelch gießen. Mit Sekt oder Champagner auffüllen und leicht umrühren.
(auf dem Foto: links)

Bargeflüster:
Der I.B.U. Cocktail wurde anläßlich der Olympischen Spiele 1936 in Deutschland kreiert. Die I.B.U., die Internationale Barkeeper Union, wurde 1909 in Deutschland gegründet und 1951 durch die International Bartenders Association (IBA) abgelöst. In der IBA sind 35 Länder mit ihren nationalen Verbänden zusammengeschlossen, ihr gehört auch die Deutsche Barkeeper Union an.

Rob Roy

stammt aus Schottland

4 cl Scotch Whisky
2 cl Vermouth Rosso
1 Spritzer Angostura Bitter
7–8 Eiswürfel

Zum Garnieren:
1 Cocktailkirsche

Die Zutaten im Mixglas zusammen mit Eis gut verrühren und durch das Sieb in ein vorgekühltes Cocktailglas abgießen. Die Kirsche dazugeben.
(auf dem Foto: Mitte)

Rusty Nail

stammt aus Schottland

3 Eiswürfel
4 cl Scotch Whisky
2 cl Drambuie Liqueur

Die Eiswürfel in ein Tumblerglas geben. Den Scotch Whisky und den Drambuie darübergießen und umrühren.
(auf dem Foto: rechts)

Sunset

stammt aus der Schweiz
(Création Peter Roth)

6–8 Eiswürfel
3 cl goldener Rum
1,5 cl Himbeerlikör
3 cl Maracujasaft
10 cl Ananassaft
2 Spritzer Zitronensaft

Zum Garnieren:
1 Orangenschalenspirale
1 Cocktailkirsche
2 Pfefferminzblätter

Zunächst 3 bis 4 Eiswürfel und die Zutaten im Shaker mischen und durch das Sieb in ein Longdrinkglas abgießen. 3 bis 4 Eiswürfel ins Glas geben. Die Orangenschalenspirale um die Kirsche wickeln und so eine Rose formen. Die Pfefferminzblätter dazugeben und alles mit einem Zahnstocher befestigen. Den Drink zusammen mit der Garnitur servieren.

Copenheering

stammt aus Dänemark

- 3 Eiswürfel
- 4 cl Wodka
- 2 cl Cherry Heering
- 1 Spritzer Zitronensaft

Die Eiswürfel in ein Tumblerglas geben, Zutaten darübergießen und umrühren.

Tip:
Cherry Heering ist ein Kirschlikör von besonderer Qualität, der in Kopenhagen bei der Firma F. Heering hergestellt wird.

Wiener Blut

stammt aus Österreich
(Création Udo Nagiller)

- 1 cl Kroatzbeere Liqueur (Brombeerlikör)
- 1 cl Weinbrand
- 2 cl Aprikosennektar
- 2 Spritzer Zitronensaft
- 10 cl gut gekühlter, trockener Sekt
- 5–6 Eiswürfel

Zum Garnieren:
- 1 Zitronenscheibe
- 1 Erdbeere
- 1 Kirsche

Alle Zutaten, mit Ausnahme des Sektes, im Shaker zusammen mit Eis schütteln, in einen vorgekühlten Champagnerkelch abgießen. Mit Sekt auffüllen, leicht umrühren und das Glas mit der Fruchtgarnitur dekorieren.

Austrian Friendship

stammt aus Österreich
(Création Fritz Schaller)

- 1,5 cl Williams
- 1,5 cl Pfirsichlikör
- 1,5 cl Batida de Coco
- 1,5 cl Cherry Brandy
- 12 cl Ananassaft
- 6–8 Eiswürfel

Die Zutaten zusammen mit 3 bis 4 Eiswürfeln im Shaker oder Mixer mischen und durch das Sieb in ein Longdrinkglas abgießen. 3 bis 4 Stück Eis dazugeben und den Drink zusammen mit einem Trinkhalm servieren.

Bargeflüster:
In der Walzerstadt Wien mit ihrem unvergleichlichem Charme gibt es seit 1919 die Reiss Bar, eine Bar mit Tradition und vielen Geschichten, die heute in Form einer Sekt-Bar geführt wird. Ganz anders macht es Rainer Huser in Portschach am Wörther See. Rainer's Bar ist eine typische Sommerbar mit „heißen" Drinks und immer guter Stimmung.

Pimm's No. 1
stammt aus England

3–4 Eiswürfel
5 cl Pimm's No. 1
15 cl Ginger Ale
oder Zitronenlimonade

Zum Garnieren:
1 Zitronenscheibe
1 Orangenscheibe
1 Streifen Gurkenschale

Eiswürfel, Zitronenscheibe, Orangenscheibe und Gurkenschale in ein Longdrinkglas geben. Pimm's No. 1 darübergießen und mit Ginger Ale oder Zitronenlimonade aufgießen. Zusammen mit einem Trinkhalm servieren.
(auf dem Foto: links)

Snowball
stammt aus England

3–4 Eiswürfel
4 cl Eierlikör
16 cl Zitronenlimonade
1 Spritzer Rose's Lime Juice

Zum Garnieren:
1 Orangenscheibe
1 Cocktailkirsche

Die Eiswürfel in ein Longdrinkglas geben, Eierlikör und Lime Juice darübergießen, mit Zitronenlimonade auffüllen und umrühren. Die Früchtegarnitur auf einem Zahnstocher über den Glasrand legen. Zusammen mit einem Trinkhalm servieren.
(auf dem Foto: rechts)

Pick–Me–Up
stammt aus Frankreich

2 cl Cognac
1 cl Zitronensaft
2 Spritzer Grenadinesirup
12 cl gut gekühlter Champagner
5–6 Eiswürfel

Cognac, Zitronensaft und Grenadine zusammen mit Eiswürfeln im Shaker gut schütteln. Durch das Sieb in einen vorgekühlten Champagnerkelch abgießen. Mit Champagner auffüllen und leicht umrühren.
(auf dem Foto: links)

Pimm's Royal
stammt aus England

5 cl Pimm's No. 1
10 cl gut gekühlter Champagner

Zum Garnieren:
1 Zitronenscheibe
1 Orangenscheibe
1 Streifen Gurkenschale

Garnituren in einen Champagnerkelch geben. Mit Pimm's No. 1 und Champagner auffüllen, mit einem Löffel vorsichtig umrühren.
(auf dem Foto: rechts)

Kir Royal
stammt aus Frankreich

1 cl Crème de Cassis
9 cl gut gekühlter Champagner

Den Cassislikör in ein gekühltes Champagnerglas füllen. Mit Champagner aufgießen und leicht umrühren.
(auf dem Foto: Mitte)

Kir Imperial
stammt aus Frankreich

1 cl Crème de Framboise (Himbeerlikör)
9 cl gut gekühlter Champagner

Den Himbeerlikör in ein vorgekühltes Champagnerglas füllen. Mit Champagner aufgießen und leicht umrühren.

Bargeflüster:
Erfunden hat den berühmt gewordenen Kir ein Knonikus Kir. Während seiner Amtszeit als Bürgermeister von Dijon kreierte er diese Mischung, weil die Franzosen zu seiner Zeit im Weißwein zu ertrinken drohten. Der Apéritif des Bürgermeisters mit dem feinen Likör aus schwarzen Johannisbeeren fand großen Anklang und das Getränk hat sich über Paris in die ganze Welt verbreitet. Der exklusivere Kir nennt sich Kir Royal, und über dem König thront der Kaiser: Der Kir Imperial mit Himbeerlikör.

Black Velvet

stammt aus England

7,5 cl eiskaltes Guiness-Bier
7,5 cl gut gekühlter Champagner

Das Bier in einen Champagnerkelch gießen und vorsichtig mit Champagner auffüllen.

Porsche

stammt aus der Schweiz

1 cl Gin
1 cl Cointreau
1 cl Vermouth Dry
12 cl gut gekühlter Champagner
7–8 Eiswürfel

Zum Garnieren:
1 Cocktailkirsche

Gin, Cointreau, Vermouth zusammen mit den Eiswürfeln im Mixglas verrühren. Die Mischung durch das Sieb in einen gut gekühlten Champagnerkelch gießen. Mit Champagner auffüllen und leicht umrühren. Den Drink mit der Cocktailkirsche garnieren.

Kir

stammt aus Frankreich

1 cl Crème de Cassis
9 cl gut gekühlter, weißer Burgunder oder anderer trockener französischer Weißwein

Den Cassislikör in ein vorgekühltes Weinglas gießen. Mit Weißwein auffüllen und umrühren.

Danish Mary

stammt aus Dänemark

2 Spritzer Zitronensaft
1 Spritzer Worcestershiresauce
1 Prise Selleriesalz
1 Prise schwarzer Pfeffer aus der Mühle
evtl. 1 Spritzer Tabasco
4 cl eiskalter Aquavit
10 cl gut gekühlter Tomatensaft

Zitronensaft und Worcestershiresauce mit den Gewürzen in einem Tumblerglas verrühren. Aquavit und Tomatensaft dazugießen und das Ganze gut vermischen.

Bargeflüster:
Aquavit begann seinen Siegeszug in Dänemark um die Mitte des 16. Jahrhunderts. Auch heute noch ist Dänemark die Hochburg des Aquavits, selbst wenn mittlerweile andere skandinavische Länder und auch Deutschland diese würzige, klare oder goldfarbene Spirituose ebenfalls herstellen. Laut der Dänen muß ein Aquavit „rein wie eine Jungfrau, stark wie ihr Freier, heiß wie das Herdfeuer eines jungen Paares und kalt wie ein Gebirgsquell im Frühjahr“ sein.

Limettenbowle

stammt aus Deutschland
(Création Erich Bauernfeind)

Für 8–10 Personen

3 Limetten
15 cl Rose's Lime Juice
15 cl Limettensirup
30 cl frischer Limettensaft
1 Flasche trockener Riesling
1 Flasche gut gekühlter Sekt

Zum Garnieren:
Limettenschalenspiralen

Die Limetten waschen und in kleine Stücke schneiden. Limetten, Rose's Lime Juice, Limettensirup, Limettensaft sowie Riesling in ein Bowlengefäß geben und verrühren. Das Gefäß für 2 bis 3 Stunden in den Kühlschrank stellen. Die Bowle in Champagnerkelchen servieren. Zunächst die Gläser zu drei Viertel mit Bowle füllen, dann jeweils mit Sekt auffüllen. Mit Limettenschalenspiralen garnieren.
(auf dem Foto: links)

Rose

stammt aus Frankreich

4 cl Vermouth Dry
1 cl Kirsch
1 cl Cherry Brandy
7–8 Eiswürfel

Zum Garnieren:
1 Cocktailkirsche

Die Zutaten zusammen mit den Eiswürfeln im Mixglas verrühren und durch das Sieb in ein vorgekühltes Cocktailglas abgießen. Mit der Kirsche im Glas servieren.
(auf dem Foto: rechts)

Irish Coffee
stammt aus Irland

4 cl Irish Whiskey
2 TL brauner Zucker
1 Tasse heißer Kaffee
leicht geschlagene Sahne

Irish Whiskey, Zucker sowie Kaffee in ein vorgewärmtes Kaffeeglas geben. Die Mischung gut verrühren. Mit einem Eßlöffel eine Haube aus leicht geschlagener Sahne daraufsetzen.
(auf dem Foto: links)

Tip:
Irish Coffee soll an kalten Tagen das Herz und den Körper erwärmen. Diese Kaffeespezialität wirkt zudem anregend und empfiehlt sich als krönender Abschluß eines Diners.

Prince of Wales
stammt aus England

2 cl Cognac
2 cl Triple Sec
1 Spritzer Angostura Bitter
12 cl gut gekühlter Champagner

Zum Garnieren:
$^1/_2$ Orangenscheibe
1 Cocktailkirsche

Cognac, Triple Sec und Angostura in ein vorgekühltes Champagnerglas geben. Mit Champagner auffüllen und leicht umrühren. Den Drink mit der Orangenscheibe und der Cocktailkirche garnieren.

Galliano Hot Shot
aus Schweden

2 cl Galliano
2 cl Kaffee
2 cl leicht geschlagene Sahne

Den Galliano in ein großes Schnapsglas geben. Den Kaffee vorsichtig über einen Löffel eingießen und die Sahne langsam darübergleiten lassen.
(auf dem Foto: rechts)

Bargeflüster:
Dieser Drink ist eigentlich ein kleiner Italiener, aber „Galliano Hot Shot", wurde nicht im Süden Europas, sondern in Schweden geboren. Der Galliano stammt aus der Lombardei. Der Likör besitzt ein süßliches, nach Vanille duftendes Aroma. Abgerundet wird es durch Extrakte aus Kräutern, Blumen und Gewürzen.

Festa
stammt aus Italien
(Création Peter Roth)

4 Eiswürfel
1,5 cl Orangenpunsch (Fertigprodukt)
15 cl frischgepreßter Orangensaft
3 cl San Pellegrino Bitter

Die Eiswürfel in ein Longdrinkglas geben. Die Zutaten darübergießen und umrühren. Zusammen mit einem Trinkhalm sofort servieren.

Porto Flip
stammt aus Portugal

4 cl roter Portwein
1 cl Brandy
1 frisches Ei
2 TL Zucker
2 cl Sahne
3–4 Eiswürfel
1 Prise geriebene Muskatnuß

Alle Zutaten bis auf die Muskatnuß zusammen mit den Eiswürfeln im Mixer mischen und durch ein Sieb in ein großes Cocktailglas abgießen. Eine Prise Muskatnuß darübergeben.

Tip:
Ein guter Portwein muß nicht immer pur serviert werden. Der junge rubinrote „Ruby Port" oder der lohfarbene „Towny Port" eignen sich vorzüglich zum Mixen eines Porto Flip.

Dreierlei
stammt aus der Schweiz
(Création Paul Nuesch)

5 cl Orangensaft
5 cl Grapefruitsaft
4 cl Ananassaft
2 cl Zitronensaft
2 TL Zucker
6–8 Eiswürfel

Die vier Fruchtsäfte, den Zucker und 3 bis 4 Eiswürfel im Mixer oder Shaker mischen, durch das Sieb in ein mit 3 bis 4 Eiswürfeln gefülltes Longdrinkglas abgießen.

Bargeflüster:
Wie so viele berühmte Cocktails ist der Negroni ein Zufallsprodukt. Graf Camillo Negroni traf sich 1925 regelmäßig zum Apéritif mit einigen Bekannten. In einer Stehbar in Florenz tranken sie zusammen den seinerzeit hochmodernen Ameriano. Graf Negroni wünschte jedoch einen Spritzer Gin in seinen Americano . Damit der Barman den Americano des Grafen von den anderen unterscheiden konnte, garnierte er dessen Drink stets mit einer Orangenscheibe. Das Originalrezept steht auf Seite 23.

Americano
stammt aus Italien

3 Eiswürfel
3 cl Vermouth Rosso
3 cl Campari
nach Belieben Sodawasser

Zum Garnieren:
$^1/_2$ Orangenscheibe
1 Stück Zitronenschale

Die Orangenscheibe und die Eiswürfel in ein kleines Tumblerglas geben. Zuerst Vermouth Rosso, dann Campari darübergießen und umrühren. Die Zitronenschale über dem Drink ausdrücken und beifügen. Auf Wunsch mit Sodawasser auffüllen.
(auf dem Foto: links)

Negroni
stammt aus Italien

2 cl Gin
2 cl Vermouth Rosso
2 cl Campari
3 Eiswürfel

Zum Garnieren:
$^1/_2$ Orangenscheibe

Die Zutaten zusammen mit den Eiswürfeln in einem kleinen Tumblerglas verrühren. Die halbe Orangenscheibe in das Glas geben.
(auf dem Foto: rechts)

Sangria
stammt aus Spanien

Für 10 Personen

175 g Zucker
175 ml Wasser
1 Prise Zimtpulver
2 Flaschen Rioja Tinto
(span. Rotwein, à 700 ml)
3 unbehandelte Orangen
3 unbehandelte Zitronen
20–30 Eiswürfel
5 dl gut vorgekühltes Mineralwasser
mit Kohlensäure

Zucker und Wasser zusammen aufkochen, Zimpulver beifügen und die Mischung kühl stellen. In einen Sangriakrug das Zuckerwasser, den Wein und je 1 in Scheiben geschnittene Orange und Zitrone geben. Das Ganze für einige Stunden in den Kühlschrank stellen. Vor dem Servieren die restlichen Zitronen und Orangen aufschneiden. In jedes Glas 2 bis 3 Stück Eis und je eine Scheibe der Früchte geben. Die Sangria in die Gläser füllen und mit mit Mineralwasser aufgießen.

Mimosa
stammt aus Italien

4 cl frischgepreßter Orangensaft
6 cl gut gekühlter Prosecco

Den Orangensaft in ein Champagnerglas geben, mit Prosecco auffüllen und leicht umrühren. Glas und Zutaten sollten gut gekühlt sein.
(auf dem Foto: Mitte)

Bellini
stammt aus Italien

5 cl eiskaltes Pfirsichpüree von weißen
Pfirsichen (ersatzweise Pfirsichsaft)
10 cl gut gekühlter Prosecco

Einen Champagnerkelch mit Eis vorkühlen. Pfirsichpüree und Prosecco in das Glas geben. Kurz umrühren.
(auf dem Foto: links)

Bargeflüster:
Bellini ist wohl der beliebteste Drink von der Harry's Bar in Venedig. Er wurde in den 30er Jahren von Patron Giuseppe Cipriani kreiert. Der Drink hatte zunächst keine Bezeichnung, bis ihn Cipriani anläßlich der großen Bellini–Ausstellung in Venedig im Jahre 1948 zu Ehren des venezianischen Renaissance–Malers auf diesen Namen taufte.

Rossini
stammt aus Italien

5 cl eiskaltes Erdbeerpüree
10 cl gut gekühlter Prosecco

Einen Champagnerkelch mit Eis vorkühlen. Erdbeerpüree und Prosecco in das Glas geben. Kurz umrühren.
(auf dem Foto: rechts)

NORD-AMERIKA UND KARIBIK

In den USA sind von soft bis hart alle Cocktails zu haben, diesbezüglich ist Amerika immer noch das Land der unbegrenzten Möglichkeiten. Drinks aus der Karibik sind stark und soft zugleich, zudem sind sie ein Fest für das Auge.

Dry Martini

stammt aus New York

5 cl Gin
1–2 Spritzer Noilly Prat (Vermouth Dry)
7–8 Eiswürfel

Zum Garnieren:
1 Stück Zitronenschale oder 1 Olive

Gin und Vermouth im Mixglas zusammen mit den Eiswürfeln verrühren, durch ein Barsieb in ein vorgekühltes Cocktailglas abgießen. Mit einem Stück Zitronenschale oder mit einer Olive im Glas servieren.

Bargeflüster:
Der Dry Martini ist der Lieblingscocktail von James Bond. Er besteht allerdings darauf, ihn geschüttelt und nicht gerührt zu bekommen. Im Gegensatz zu anderen klassischen Drinks wurde der echte Martini nicht spontan erfunden. Der Drink tauchte erstmals 1862 in einem Buch von Prof. Jerry Thomas unter dem Namen Martinez auf. Kein Geringerer als John D. Rockefeller soll 1910 sein Pate gewesen sein. Er orderte beim Chef-Barman Martini d'Arma im weltberühmten Knickerbocker's Hotel etwas anderes als den üblichen Cocktail mit gesüßtem Old Tom Gin, und der Barman mixte zum ersten Mal den Dry Martini mit London Dry Gin und trockenem Vermouth.

Manhattan

stammt aus New York

4 cl Canadian Whisky
2 cl Vermouth Rosso
1 Spritzer Angostura Bitter
7–8 Eiswürfel

Zum Garnieren:
1 grüne Cocktailkirsche

Die Zutaten im Mixglas zusammen mit Eis verrühren, dann in ein vorgekühltes Cocktailglas abgießen. Die Kirsche dazugeben.
(auf dem Foto: oben)

Perfect Manhattan

stammt aus New York

4 cl Canadian Whisky
1 cl Vermouth Rosso
1 cl Vermouth Dry
7–8 Eiswürfel
1 Spritzer Angostura Bitter

Zum Garnieren:
1 Kirsche oder 1 Stück Zitronenschale

Die Zutaten im Mixglas zusammen mit Eis verrühren, dann in ein vorgekühltes Cocktailglas abgießen. Die Kirsche oder das Stück Zitronenschale dazugeben.

Bargeflüster:
Der weltberühmt gewordene Manhattan wurde erstmals 1862 im „Bartender's Guide" von Prof. Jerry Thomas erwähnt. Die Amerikaner bestellen ihren Manhattan oft mit Bourbon. Wenn Sie jedoch Scotch Whisky verwenden, heißt der Manhattan Rob Roy.

Dry Manhattan

stammt aus New York

4 cl Canadian Whisky
2 cl Vermouth Dry
1 Spritzer Angostura Bitter
7–8–Eiswürfel
Zum Garnieren:

Zum Garnieren:
1 Stück Zitronenschale oder 1 Olive

Die Zutaten im Mixglas zusammen mit Eis verrühren und durch ein Sieb in ein vorgekühltes Cocktailglas abgießen. Die Zitronenschale darüber ausdrücken und dazugeben. Wahlweise 1 Olive in den Drink geben.
(auf dem Foto: unten links)

Esquire Manhattan

stammt aus New York

2,5 cl Bourbon Whiskey
2,5 cl Vermouth Rosso
1 Spritzer Orange-Bitter

Zum Garnieren:
1 grüne Cocktailkirsche

Die Zutaten im Mixglas zusammen mit Eis verrühren, dann in ein Cocktailglas abgießen. Die Kirsche an den Glasrand stecken.
(auf dem Foto: unten rechts)

Bronx
stammt aus New York

3 cl Gin
1 cl Vermouth Dry
1 cl Vermouth Rosso
1 cl Orangensaft
5–6 Eiswürfel

Die Zutaten im Shaker zusammen mit den Eiswürfeln mischen und in ein vorgekühltes Cocktailglas abgießen.

Gibson
stammt aus New York

5 cl Gin
1–2 Spritzer Noilly Prat (Vermouth Dry)
7–8 Eiswürfel

Zum Garnieren:
2 Perlzwiebeln

Die Zutaten im Mixglas zusammen mit den Eiswürfeln verrühren, durch ein Barsieb in ein vorgekühltes Cocktailglas abgießen. Die Perlzwiebeln in das Glas geben.

Florida
stammt aus Florida

8 cl Orangensaft
4 cl Grapefruitsaft
2 cl Zitronensaft
2 cl Zuckersirup
Sodawasser
6–8 Eiswürfel

Zum Garnieren:
Früchte der Saison

Alle Zutaten außer dem Sodawasser im Mixer oder Shaker zusammen mit 3 bis 4 Eiswürfeln mischen. Durch das Sieb in ein Longdrinkglas abgießen. 3 bis 4 Eiswürfel dazugeben, mit Sodawasser auffüllen und umrühren. Das Glas mit Saisonfrüchten garnieren, einen Trinkhalm dazugeben.

New Orleans Fizz
stammt aus New Orleans

4 cl Gin
2 cl Zitronensaft
2 TL Zucker
1 TL Curaçao (Orangenlikör)
1 cl Sahne
1 frisches Eiweiß
Sodawasser
6–8 Eiswürfel

Alle Zutaten außer dem Sodawasser im Mixer oder Shaker zusammen mit 3 bis 4 Eiswürfeln mischen. Durch das Sieb in ein Longdrinkglas abgießen. 3 bis 4 Eiswürfel dazugeben, mit Sodawasser auffüllen und umrühren. Zusammen mit einem Trinkhalm servieren.

Gin Fizz

stammt aus New Orleans

4 cl Gin, 2 cl Zitronensaft
2 TL Zucker
Sodawasser
6–8 Eiswürfel

Alle Zutaten außer dem Sodawasser im Mixer oder Shaker zusammen mit 3 bis 4 Eiswürfeln mischen. Durch das Sieb in ein Longdrinkglas abgießen. 3 bis 4 Eiswürfel dazugeben, mit Sodawasser auffüllen und umrühren. Zusammen mit einem Trinkhalm servieren.
(auf dem Foto: links)

Tip:
Sie können den Gin auch durch Wodka oder weißen Rum ersetzen.

Florida Sling

stammt aus Florida

3–4 Eiswürfel
3 cl Gin
1,5 cl Cherry Brandy
1,5 cl Zitronensaft
2 Spritzer Grenadinesirup
14 cl Ananassaft

Zum Garnieren:
1/6 Ananasscheibe
1 Cocktailkirsche mit Stiel

Die Eiswürfel in ein Longdrinkglas geben, die Zutaten darübergießen und alles sehr gut verrühren. Die Früchtegarnitur auf einen Zahnstocher stecken und über den Glasrand legen. Zusammen mit einem Trinkhalm servieren.
(auf dem Foto: rechts)

Screwdriver
stammt aus Kalifornien

3 Eiswürfel
4 cl Wodka
10 cl Orangensaft

Die Eiswürfel in ein Tumblerglas geben. Wodka und Orangensaft darübergießen, dann gründlich umrühren.
(auf dem Foto: links)

Harvey Wallbanger
stammt aus Kalifornien

4 cl Wodka
3 Eiswürfel
10 cl Orangensaft
1 cl Galliano

Den Wodka und die Eiswürfel in ein Tumblerglas geben. Mit Orangensaft auffüllen, umrühren und den Galliano darübergießen.
(auf dem Foto: rechts)

Bargeflüster:
Harvey war ein irrer Typ: Wellenreiter, Beachboy und Lifeguard. Am liebsten trank er seinen Screwdriver mit einem Schuß Galliano, was dazu führte, daß sich Harvey beim Verlassen der Bar den Kopf am Türrahmen anschlug. Daher der Name dieses fruchtig-frischen Sonnentranks aus Kalifornien.

Vodkatini
stammt aus New York

5 cl Wodka
1–2 Spritzer Noilly Prat (Vermouth Dry)
7–8 Eiswürfel

Zum Garnieren:
1 Olive oder 1 Stück Zitronenschale

Die Zutaten im Mixglas zusammen mit den Eiswürfeln verrühren, durch ein Barsieb in ein vorgekühltes Cocktailglas abgießen. Die Olive in das Glas geben oder den Drink mit einem Stück Zitronenschale servieren.

Chi Chi
stammt aus Hawaii

4 cl Wodka
6 cl Kokosnußmilch
8 cl Ananassaft
3–4 Eiswürfel
3–4 EL zerstoßenes Eis

Zum Garnieren:
1/4 Ananasscheibe
1 Cocktailkirsche

Alle Zutaten bis auf das zerstoßene Eis im Shaker mischen und durch das Sieb in ein Longdrinkglas abgießen. Das zerstoßene Eis dazugeben. Den Drink mit dem Ananasstück und der Kirsche garnieren, zusammen mit einem Trinkhalm servieren.

California Sour
stammt aus Kalifornien

4 cl Bourbon Whiskey
2 cl Zitronensaft
2 cl Orangensaft
2 TL Zucker
4–6 Eiswürfel

Zum Garnieren:
1 Orangenscheibe
2 Cocktailkirschen

Die Zutaten zusammen mit 2 bis 3 Eiswürfeln im Mixer mischen. Durch das Sieb in ein Tumblerglas abgießen. 2 bis 3 Eiswürfel, die Orangenscheibe und die Cocktailkirschen in das Glas geben.

Tip:
Bourbon Whiskey ist der bekannteste amerikanische Whiskey. Der Branntwein wird nach der Destillation mindestens 2 Jahre in Weißeichenfässern gelagert. Die Fässer werden vorher innen angekohlt, das verleiht dem Whiskey die braune Einfärbung und zudem ein leicht süßliches Aroma. Sehr gute Sorten lagern bis zu 8 Jahren.

Canadian Highball
stammt aus Kanada

4 Eiswürfel
4 cl Canadian Whisky
15 cl Ginger Ale

Zum Garnieren:
1 Zitronenschalenspirale

Zunächst die Eiswürfel und dann die Zitronenschale spiralförmig in ein Longdrinkglas geben. Den Canadian Whisky darübergießen, mit Ginger Ale auffüllen und umrühren. Zusammen mit einem Trinkhalm servieren.

Tip:
Etwa 95 % des kanadischen Whiskys wird in seiner Heimat und in den USA getrunken. Die Kanadier mögen ihre Nationalspirituose vorzugsweise mit Ginger Ale. In Europa wird der Canadian Whisky meist als Basis für Mixgetränke verwendet.

Bargeflüster:
Der „Old Fashioned" ist ein großer Klassiker, der angeblich in New Orleans kreiert worden ist, und von dem der berühmte amerikanische Schriftsteller Ernest Hemingway geschrieben hat, er sei nicht nur ein „Masterpiece", also ein Meisterstück, sondern das Paradestück der Kunst des Mixens. Und wie recht er hat mit seiner Aussage! Das Rezept dazu finden Sie auf *Seite 35.*

Old Fashioned

stammt aus New Orleans

1 Stück Würfelzucker
1 Spritzer Angostura Bitter
2–3 cl Sodawasser
4 cl Bourbon Whiskey
3 Eiswürfel

Zum Garnieren:
1/2 Orangenscheibe
1/2 Zitronenscheibe
1 Cocktailkirsche

Den Würfelzucker in ein Tumblerglas geben und mit Angostura Bitter tränken. Sodawasser, Orangen- und Zitronenscheibe dazugeben. Den Zucker mit einem Löffel zerstoßen. Eiswürfel zugeben, Bourbon Whiskey darübergießen und alles gut verrühren. Mit der Kirsche im Glas servieren.
(auf dem Foto: links)

Whisky Sour

stammt aus Kalifornien

4 cl Bourbon Whiskey
2 cl Zitronensaft
2 TL Zucker
4–6 Eiswürfel

Zum Garnieren:
1 Zitronenscheibe
2 Cocktailkirschen

Die Zutaten zusammen mit 2 bis 3 Eiswürfeln im Mixer mischen. In ein Tumblerglas 2 bis 3 Stück Eis legen und die Mixtur durch das Sieb abgießen. Zitronenscheibe und Kirschen ins Glas geben.
(auf dem Foto: rechts)

Blue Hawaiian
stammt aus Hawaii

3 cl weißer Rum
1,5 cl Curaçao Blue
2 cl Kokosnußmilch
4 cl Ananassaft
3–4 Eiswürfel
2–3 EL zerstoßenes Eis

Die Zutaten im Mixer oder Shaker zusammen mit den Eiswürfeln mischen und durch das Sieb in ein großes Cocktailglas abgießen. Das zerstoßene Eis und einen kurzen Trinkhalm dazugeben.
(auf dem Foto: links)

Hurricane
stammt aus Florida

4 cl brauner Rum
2 cl weißer Rum
1 cl Maracujasirup
2 cl Orangensaft
2 cl Ananassaft
3–4 Eiswürfel
4–5 EL zerstoßenes Eis

Zum Garnieren:
$^1/_6$ Ananasscheibe
1 Cocktailkirsche

Die Zutaten im Shaker zusammen mit den Eiswürfeln kräftig schütteln. Durch das Sieb in ein mit zertoßenem Eis gefülltes Longdrinkglas abgießen. Ananas und Kirschen an den Glasrand stecken. Den Hurricane mit einen Trinkhalm servieren.
(auf dem Foto: Mitte)

Mai Tai
stammt aus Hawaii

3 cl weißer Rum
2 cl brauner Rum
1 cl Triple Sec oder Cointreau
1,5 cl Mandelsirup
1,5 cl Limettensaft
3–4 Eiswürfel
2–3 EL zerstoßenes Eis

Zum Garnieren:
1 Stück Ananasscheibe
1 Pfefferminzzweig
1 Cocktailkirsche

Die Zutaten zusammen mit den Eiswürfeln im Shaker schütteln. Das zerstoßene Eis in ein Tumblerglas füllen und die Mischung durch das Sieb darübergießen. Mit Ananas, Pfefferminze und Kirsche garnieren. Zuletzt einen Trinkhalm dazugeben.
(auf dem Foto: rechts)

Planter's Punch
stammt aus Jamaica

4 cl brauner Rum
1 cl Grenadinesirup
2 cl Zitronensaft
4 cl Ananassaft
8 cl Orangensaft
6–8 Eiswürfel

Zum Garnieren:
1 Zitronenscheibe, 1 Orangenscheibe

Die Zutaten im Shaker oder Mixer zusammen mit 3 bis 4 Eiswürfeln mischen und durch das Sieb in ein mit 3 bis 4 Eiswürfeln gefülltes Longdrinkglas abgießen. Die Garnitur und einen Trinkhalm in das Glas geben.

Pineapple Daiquiri

stammt von den Bahamas

1 Scheibe Ananas, in Stücken
4 cl weißer Rum
2 Spritzer Maraschino
2 cl frischgepreßter Limetten- oder Zitronensaft
2 TL Zucker
3–4 EL zerstoßenes Eis

Alle Zutaten zusammen mit 2 Eßlöffeln zerstoßenem Eis im Mixer mit Messervorsatz pürieren. In ein großes, mit 1 bis 2 Eßlöffeln zerstoßenem Eis gefülltes Cocktailglas gießen. Zusammen mit einem Trinkhalm servieren.

Bargeflüster:
Jamaica Rums sind traditionell stark und sehr intensiv im Aroma. Auch wenn die leichten karibischen Rumsorten heute den Markt dominieren, wird es immer wieder Rum-Kenner geben, die das besonders starke Aroma des jamaikanischen Rums schätzen. Inzwischen haben die Brennereien auf der Karibikinsel umgestellt und produzieren (der Marktnachfrage wegen) teilweise ebenfalls leichtere Rumsorten. Der „Jamaica Surprise" (Rezept s. S. 39) sollte nur mit Jamaica Rum zubereitet werden.
Wußten Sie, daß der Grog das älteste Mixrezept der Welt ist? Seit 1795 ist das typisch britische Getränk bekannt; damals wurde die Mischung aus Rum, Wasser und Zitronensaft vor allem in der British Navy serviert.

Strawberry Daiquiri

stammt von den Bahamas

4 cl weißer Rum
2 Spritzer Erdbeerlikör
2 cl frischgepreßter Limetten- oder Zitronensaft
2 TL Zucker
2–3 reife Erdbeeren
3–4 EL zerstoßenes Eis

Alle Zutaten zusammen mit 2 Eßlöffeln zerstoßenem Eis im Mixer mit Messervorsatz pürieren. In ein großes, mit 1 bis 2 Eßlöffeln zerstoßenem Eis gefülltes Cocktailglas gießen. Zusammen mit einem Trinkhalm servieren.

Tip:
Selbstverständlich werden Frucht-Daiquiris mit Rum und wenn möglich, mit frischen Früchten zubereitet – so wie es die Inselbewohner lieben. Es liegt auf der Hand, daß die Früchte mit Limettensaft gemixt werden, da diese Zitrusfrucht ursprünglich auf den Bahamas heimisch ist. Daiquiris sind übrigens seit langem Dauerbrenner in Amerika, und auch bei uns liegen diese exotischen Drinks im Trend.

Jamaica Surprise

stammt aus Jamaica
(Création Peter Roth)

- 2 cl Jamaica Rum
- 2 cl Kaffeelikör Tia Maria
- 5–6 Eiswürfel
- 2 cl Sahne
- 2 Spritzer Kokosnußlikör

Jamaica Rum und Tia Maria zusammen mit den Eiswürfeln im Shaker kurz schütteln, dann durch das Sieb in ein Cocktailglas abgießen. Die Sahne leicht schlagen (sie darf nicht steif werden), mit dem Kokosnußlikör parfümieren und über den Drink gleiten lassen.
(auf dem Foto: links)

Banana Daiquiri

stammt von den Bahamas

- $^1/_2$ Banane
- 4 cl weißer Rum
- 2 Spritzer Bananenlikör
- 2 cl frischgepreßter Limettensaft
- 2 TL Zucker
- 3–4 EL zerstoßenes Eis

Die Banane in Scheiben schneiden und zusammen mit den übrigen Zutaten sowie mit 2 Eßlöffeln zerstoßenem Eis im Mixer mit Messervorsatz fein pürieren. In ein großes Cocktailglas abgießen. 1 bis 2 Eßlöffel zerstoßenes Eis und einen Trinkhalm dazugeben.
(auf dem Foto: rechts)

Pina Colada

stammt aus Puerto Rico

4 cl weißer Rum
6 cl Kokosnußmilch
8 cl Ananassaft
3–4 Eiswürfel
3–4 EL zerstoßenes Eis

Zum Garnieren:
1/6 Ananasscheibe
1 Cocktailkirsche

Die Zutaten zusammen mit den Eiswürfeln im Shaker oder Mixer mischen. Das zerstoßene Eis in ein Longdrinkglas füllen und die Mischung durch das Sieb darübergießen. Die Ananasscheibe an den Glasrand stecken, die Cocktailkirsche mit Hilfe eines Zahnstochers an der Fruchtscheibe befestigen. Einen Trinkhalm dazugeben.
(auf dem Foto: links)

Bacardi Cocktail

stammt aus Puerto Rico

5–6 Eiswürfel
4 cl weißer Rum Bacardi
1 cl Zitronensaft
1 cl Grenadinesirup

Das Eis in den Shaker geben, die Zutaten darübergießen und alles kurz und kräftig schütteln. Den Drink durch das Sieb in ein vorgekühltes Cocktailglas abgießen.
(auf dem Foto: rechts)

Bargeflüster:
Don Facundo Bacardi kaufte 1862 in Kuba eine ausgediente Brennerei. Diese alte Brennerei mit ihren Fledermäusen im Gebälk lieferte ihm gleichzeitig die Idee für ein leicht erkennbares Logo – eine Fledermaus mit ausgebreiteten Flügeln, ein Symbol für Glück in der spanischen Tradition. Seit der Verstaatlichung der Brennereien auf Kuba durch den „Lider Maximo" Fidel Castro wird Bacardi in verschiedenen Ländern hergestellt, eine bedeutender Rumhersteller, der aus Zuckerrohr Schnaps brennt, befindet sich auf der Insel Puerto Rico.

Yellow Bird

stammt aus Jamaica

4–5 EL zerstoßenes Eis
4 cl weißer Rum
1 cl Triple Sec
1 cl Galliano
2 cl Limetten- oder Zitronensaft
3–4 Eiswürfel

Zum Garnieren:
1 Limettenscheibe

Das zerstoßene Eis in ein Longdrinkglas geben. Die restlichen Zutaten im Shaker zusammen mit Eiswürfeln mixen und durch das Sieb ins Glas abgießen. Mit der Limettenscheibe garnieren.

Daiquiri

stammt aus Kuba

4 cl weißer Rum
1 cl frischgepreßter Limetten- oder Zitronensaft
1 cl Zuckersirup
5–6 Eiswürfel

Alle Zutaten im Shaker kräftig schütteln und durch das Sieb in ein vorgekühltes Cocktailglas abgießen.

Bargeflüster:
Der Legende nach soll der Daiquiri Ende des 19. Jahrhunderts von 2 Ingenieuren einer Kupfermine in der kubanischen Provinz Oriente erfunden worden sein. Pagliuchi und Cox, die beiden Ingenieure, wollten einige Gäste bewirten, fanden in ihrer Kantine aber nur Rum, Limetten, Zucker und Eis. Der Cocktail aus den vorhandenen Zutaten fand Anklang, und Pagliuchi soll den Vorschlag gemacht haben: „Warum nennen wir den Drink nicht einfach Daiquiri?" Das lag auch nahe, denn der Ort in der Nachbarschaft der Mine trug diesen Namen. Der König des Cocktails, „Constante" Ribailagua, von 1912 bis 1952 Bartender in der legendären Floridita Bar, soll während seiner vierzigjährigen Tätigkeit Millionen von Daiquiris in die Gläser gegossen haben, allen voran den Frozen Daiquiri.
„Don Ernesto" Hemingway, der bis kurz nach der Revolution von 1959 auf Kuba lebte, unterschied übrigens genau. Seinen Daiquiri trank er immer beim Barkeeper Ribailagua in der Floridita Bar, während er in der Bodequita zum Mojito griff. Die Floridita Bar ist die vornehme Bar, aber auch die teure und exklusive, deren Dollarschwelle für Einheimische schwer zu überschreiten ist.

Cuba Libre

stammt aus Kuba

4 Eiswürfel
4 cl weißer Rum
15 cl Coca Cola
$^{1}/_{6}$ Limette

Ein Longdrinkglas zuerst mit Eis, dann mit Rum und Cola auffüllen. Das Limettensechstel darüber ausdrücken, Schale hineingeben und den Drink umrühren.

Bargeflüster:
Coca Cola war soeben erfunden worden, als amerikanische Soldaten 1898 zur Befreiung Kubas aus spanischer Herrschaft mit dem Schlachtruf „Cuba libre!" auf der Insel landeten. Um auf den Sieg anzustoßen, vermischten sie Cola mit dem einheimischen Rum und waren angeblich begeistert.

Mojito
stammt aus Kuba

- 2 cl frischer Limettensaft
- 2 TL feingemahlener Rohrzucker
- 6–8 Minzeblätter
- 4 cl weißer Rum
- 4–5 EL zerstoßenes Eis
- 2 cl Sodawasser

Zum Garnieren:
- 1 Pfefferminzzweig

Limettensaft in ein Longdrinkglas gießen, Zucker darüberstreuen, Minzeblätter beifügen und mit einem Stößel oder Barlöffel zerdrücken. Mit Eis, Rum sowie Sodawasser auffüllen und gut umrühren. Den Pfefferminzzweig und einen Trinkhalm ins Glas geben.
(auf dem Foto: links)

Frozen Daiquiri
stammt aus Kuba

- 4 cl weißer Rum
- 1 cl frischgepreßter Limetten- oder Zitronensaft
- 1 cl Zuckersirup
- 10 Eiswürfel

Zum Garnieren:
- 1 Kirsche

Alle Zutaten zusammen mit den Eiswürfeln im Mixer mit Messervorsatz mischen, bis Schnee entsteht. In ein vorgekühltes, großes Cocktailglas füllen. Die Kirsche hineingeben. Zusammen mit einem Trinkhalm servieren.
(auf dem Foto: rechts)

MITTEL- UND SÜDAMERIKA

Die Cocktails, die an der Copacabana kredenzt werden, schmecken, als wären sie im Paradies gemixt worden. Sie verströmen Herzlichkeit, Wärme und Kraft.

Pisco Sour

stammt aus Peru

4 cl Pisco
2 cl Limetten- oder Zitronensaft
2 TL Zucker
1 frisches Eiweiß
2 Spritzer Angostura
4–6 Eiswürfel

Zum Garnieren:
1 Zitronen- oder Limettenscheibe
1 Cocktailkirsche

Pisco, Limetten- oder Zitronenaft, Zucker und Eiweiß zusammen mit 2 bis 3 Eiswürfeln im Mixer mischen. Durch das Sieb in ein Tumblerglas abgießen. 2 bis 3 Eiswürfel. Die Zitronen- oder Limettenscheibe und die Cocktailkirsche mit einem Cocktailspieß am Glasrand befestigen. Zum Schluß 2 Spritzer Angostura darübergeben.

Tip:
Pisco ist ein heller, sehr aromatisch schmekkender Weinbrand. Er wird in erster Linie aus Muskatellertrauben hergestellt und in Tonfässern gelagert. Ursprünglich wurde er nur in der südlich von Lima gelegen Hafenstadt Pisco destilliert, heute stellen auch Bolivien, Chile und Argentinien diesen Weinbrand her.

MIT PISCO

Tequila Sunrise
stammt aus Mexiko

3 Eiswürfel
4 cl Tequila
10 cl Orangensaft
1 cl Grenadinesirup

Die Eiswürfel in ein Tumblerglas geben. Mit Tequila sowie Orangensaft auffüllen und umrühren. Den Grenadine langsam über den Drink fließen lassen.

Vampiro
stammt aus Mexiko

3 Eiswürfel
4 cl Tequila
2 Spritzer Limettensaft
10 cl Sangrita

Ein Tumblerglas mit den Eiswürfeln füllen und die Zutaten darübergießen. Umrühren und den Drink servieren.

Tip:
Sangrita ist ein ziemlich pikanter Frucht- und Gemüsesaft. Im Handel ist er in zwei Ausführungen erhältlich, als Sangrita und Sangrita picante. In Mexiko wird das beliebte alkoholfreie Getränk auch von Barkeepern selber hergestellt.

Strawberry Margarita
stammt aus Mexiko

4 cl Tequila
2 Spritzer Cointreau
2 cl frischgepreßter Limetten- oder Zitronensaft
2 TL Zucker
2–3 reife Erdbeeren
3–4 EL zerstoßenes Eis

Die Zutaten zusammen mit 2 Eßlöffeln zerstoßenem Eis im Mixer mit Messervorsatz pürieren. Den Inhalt in ein großes Cocktailglas abgießen, etwas zerstoßenes Eis dazugeben und den Drink zusammen mit einem Trinkhalm servieren.

Margarita

stammt aus Mexiko

1 Zitronenachtel
1 Teller mit Salz
3 cl Tequila
1,5 cl Cointreau oder Triple Sec
1,5 cl frischgepreßter Limetten- oder Zitronensaft
5–6 Eiswürfel

Den Rand eine Cocktailglases mit dem Saft des Zitronenachtels befeuchten und diesen im Salz auf einem kleinen Teller drehen, damit ein gleichmäßiger Salzrand entsteht. Die restlichen Zutaten im Shaker kräftig schütteln und durch das Sieb in das vorbereitete Glas abgießen.
(auf dem Foto: links)

Tequini

stammt aus Mexiko

5 cl Tequila
1–2 Spritzer Noilly Prat (trockener Vermouth)
7–8 Eiswürfel

Zum Garnieren:
1 Stück Zitronenschale

Den Tequila und den Vermouth im Mixglas zusammen mit den Eiswürfeln verrühren. Den Drink durch das Sieb in ein vorgekühltes Cocktailglas abgießen. Die Zitronenschale in das Glas geben.
(auf dem Foto: rechts)

Caipirinha

stammt aus Brasilien

1 Limette
2 TL feingemahlener Rohrzucker
3 EL zerstoßenes Eis
4 cl Cachaça (Zuckerrohrbrand)

Die Limette in kleine Stücke schneiden. Limettenstücke und Zucker in ein Tumblerglas geben, beides mit einem Stößel zerdrücken. Zerstoßenes Eis, dann Cachaça zufügen und umrühren. Den Drink zusammen mit einem kurzem Trinkhalm servieren.
(auf dem Foto: links)

Batida Mango

stammt aus Brasilien

4 cl Cachaça (Zuckerrohrbrand)
2 EL frische Mangostücke
1 cl frischgepreßter Limettensaft
2 TL Zucker
3–4 EL zerstoßenes Eis

Die Zutaten zusammen mit 2 Eßlöffeln zerstoßenem Eis im Mixer mit Messervorsatz fein pürieren. In ein großes Cocktailglas abgießen. 1 bis 2 Eßlöffel zerstoßenes Eis und einen Trinkhalm dazugeben.
(auf dem Foto: rechts)

Caipiroska

stammt aus Brasilien

1 Limette
2 TL feingemahlener Rohrzucker
3 EL zerstoßenes Eis
4 cl Wodka

Die Limette in kleine Stücke schneiden. Limettenstücke und Zucker in ein Tumblerglas geben, beides mit einem Stößel zerdrücken. Zerstoßenes Eis, dann Wodka zufügen und umrühren. Den Drink zusammen mit einem kurzem Trinkhalm servieren.

Caipirissima

stammt aus Brasilien

1 Limette
2 TL feingemahlener Rohrzucker
3 EL zerstoßenes Eis
4 cl weißer Rum

Die Limette in kleine Stücke schneiden. Limettenstücke und Zucker in ein Tumblerglas geben, beides mit einem Stößel zerdrücken. Zerstoßenes Eis, dann Rum zufügen und umrühren. Den Drink zusammen mit einem kurzem Trinkhalm servieren.

Chaçini

stammt aus Brasilien

5 cl Cachaça (Zuckerrohrbrand)
1–2 Spritzer Vermouth Dry
7–8 Eiswürfel

Zum Garnieren:
1 Stück Zitronenschale

Cachaça und Vermouth im Mixglas zusammen mit den Eiswürfeln verrühren. Durch das Sieb in ein vorgekühltes Cocktailglas abgießen. Die Zitronenschale über dem Drink ausdrücken und dann beifügen.

Bora Bora

stammt von den Gesellschaftsinseln (Création Peter Roth)

10 cl Ananassaft
6 cl Maracujasaft
1 cl Zitronensaft
1 cl Grenadinesirup
6–8 Eiswürfel

Zum Garnieren
1 Stück Ananasscheibe
1 Cocktailkirsche

Die Zutaten zusammen mit 3 bis 4 Eiswürfeln im Mixer oder Shaker mischen und durch das Sieb in ein mit 3 bis 4 Eiswürfeln gefülltes Longdrinkglas abgießen. Die Ananasspalte an das Glas stecken, die Kirsche mit Hilfe eines Zahnstochers an der Ananas befestigen. Zusammen mit einem Trinkhalm servieren.

Pisco Punch

stammt aus Argentinien

4 cl Pisco
2 cl frischer Limettensaft
4 cl Ananassaft
1 cl Zuckersirup
2 Spritzer Maraschino
5–6 Eiswürfel

Die Zutaten zusammen mit den Eiswürfeln im Shaker mischen und durch das Sieb in ein großes, vorgekühltes Cocktailglas abgießen.

Zombie

stammt von den Gesellschaftsinseln

3 cl brauner Rum
3 cl weißer Rum
2 cl hochprozentiger Rum
1 cl Apricot Brandy
1 cl Limettensaft
1 cl Ananassaft
1 cl Maracujasirup
3–4 Eiswürfel
3–4 EL zerstoßenes Eis

Zum Garnieren:
1/6 Ananasscheibe
1 Cocktailkirsche
1 Pfefferminzzweig

Alle Zutaten bis auf das zerstoßene Eis im Shaker kurz und kräftig schütteln, durch das Sieb in ein Longdrinkglas abgießen, und mit zerstossenem Eis auffüllen. Das Ananasstück und die Kirsche an einem Zahnstocher über den Glasrand legen und mit dem Pfefferminzzweig garnieren. Einen Trinkhalm beifügen.

Bargeflüster:
Die Argentinier sind grosse Weinliebhaber. Vermouth wird in grossen Mengen als Apéritif getrunken, serviert mit Eis und auf Wunsch mit Sodas und Bitter. Ein interessantes einheimisches Produkt ist der Pisco, mit dem sie in den Bars und Cafès ihren Lieblingscocktail Pisco sour mixen.

Pierino

stammt aus Peru
(Création Peter Roth)

7–8 Eiswürfel, 3 cl Pisco
1,5 cl Cointreau
1 TL frischgepreßer Limettensaft
10 cl Grapefruitsaft
4 cl Bitter Lemon

Zum Garnieren:
3 blaue Weintrauben
1/6 Limette

3–4 Stück Eis, Pisco, Cointreau, Limetten- und Grapefruitsaft im Shaker kräftig schütteln. Durch das Sieb in ein Longdrinkglas abgießen, mit 3 bis 4 Eiswürfeln sowie Bitter Lemon auffüllen und leicht umrühren. Trinkhalm dazugeben. Mit Weintrauben und Limettensechstel garnieren.
(auf dem Foto: links)

Argentine Julep

stammt aus Argentinien

3–4 EL zerstoßenes Eis
3 cl spanischer Weinbrand
1 cl Cointreau
3 cl Rotwein
3 cl Orangensaft
3 cl Ananassaft

Zum Garnieren:
1 Pfefferminzzweig
1 Orangenscheibe

Das zerstoßene Eis in ein Longdrinkglas geben. Die restlichen Zutaten darübergießen und verrühren. Mit Pfefferminzzweig und Orangenscheibe garnieren. Einen Trinkhalm dazugeben und sofort servieren.
(auf dem Foto: rechts)

ASIEN

Die Cocktail-Kultur Asiens entstand durch den Einfluß des British Empire. Dennoch verbreiten die Drinks einen zauberhaften, asiatischen Flair: Sie heben Zeit und Raum für uns Europäer auf.

Geisha

stammt aus Japan

2,5 cl Gin
1,5 cl Kwai Feh Lychee Liqueur
(im Fachhandel erhältlich)
1,5 cl Rose's Lime Juice
0,5 cl Red Orange Liqueur
1 Stück Zitronenschale
7–8 Eiswürfel

Zum Garnieren:
1 Johannisbeerrispe
1 Pfefferminzzweig

Die Zutaten im Mixglas zusammen mit Eis verrühren und durch das Sieb in ein Cocktailglas abgießen. Ein Stück Zitronenschale über dem Drink ausdrücken. Zum Schluß den Drink mit der Johannisbeerrispe und dem Pfefferminzzweig garnieren.

Bargeflüster:
Das Rezept zu diesem Drink stammt vom deutschen Mixmeister Heinz Dahlmeier, der 1996 für Deutschland an der Weltmeisterschaft in Tokio mit diesem Pre-Dinner-Drink angetreten ist. Die Japaner sind große Whiskytrinker, viele Whiskies werden aus der ganzen Welt eingeführt, daneben besitzen sie aber eine bedeutende eigene Produktion. Der bekannteste japanische Whisky heißt Suntory und wird in über 32 Länder exportiert. Sake, den japanischen Reiswein, serviert man angewärmt zu einem asiatischen Essen, und als Apéritif empfehle ich einen Jade Garden.

Jade Garden

stammt aus Japan
(Création Peter Roth)

3–4 Eiswürfel
1,5 cl Sake
2 cl Kirsch
1,5 cl Cointreau
15 cl Grapefruitsaft

Zum Garnieren:
1 Gurkenscheibe
1 Cocktailkirsche

Die Eiswürfel in ein Longdrinkglas geben. Die restlichen Zutaten darübergießen, dann umrühren. Die Gurkenscheibe auf den Drink legen und die Kirsche dazugeben. Zusammen mit einem Trinkhalm servieren.

Oriental Cooler

stammt aus Thailand

6–8 Eiswürfel
3 cl weißer Rum
1,5 cl grüne Crème de Menthe
6 cl Ananassaft
3 cl Orangensaft
1,5 cl Zitronensaft
1,5 cl Zuckersirup
1 TL frisches Eiweiß

Zum Garnieren:
$^1/_6$ Ananasscheibe
1 Zitronenscheibe

Zunächst 3 bis 4 Eiswürfel und die Zutaten im Shaker mischen und durch das Sieb in ein mit 3 bis 4 Eiswürfeln gefülltes Longdrinkglas abgießen. Das Ananasstück und die Zitronenscheibe an einen Zahnstocher stecken, die Garnitur auf den Drink legen.

Thai Punch

stammt aus Thailand
(Création Peter Roth)

1 Scheibe frische Ananas, in Stücken
6–8 Eiswürfel
1 cl frischgepreßter Limetten- oder Zitronensaft
1 cl Mandelsirup
12 cl Orangensaft

Die Ananasstücke zusammen mit 3 bis 4 Eiswürfeln und den übrigen Zutaten im Mixer mit Messervorsatz durchmixen. 3 bis 4 Stück Eis in ein Longdrinkglas geben, die Mischung darübergießen und einen Trinkhalm dazugeben.

Singapore Sling

stammt aus Singapore

3 cl Gin
1,5 cl Cherry Brandy
1cl Cointreau
2 cl Ananassaft
2 cl Zitronensaft
1 Spritzer Angostura Bitter
6–8 Eiswürfel
Sodawasser
2 Spritzer Bénédictine

Zum Garnieren:
1 Stück Ananas
1 Cocktailkirsche

Gin, Cherry Brandy, Cointreau, Zitronen-, Ananassaft und Angostura Bitter im Shaker zusammen mit 3 bis 4 Stück Eis schütteln. Durch das Sieb in ein mit 3 bis 4 Eiswürfeln gefülltes Longdrinkglas abgießen. Mit Sodawasser auffüllen und umrühren. Danach erst Bénédictine, Fruchtgarnitur und Trinkhalm dazugeben.

Mandarin Punch

stamt aus Hong Kong

6–8 Eiswürfel
4,5 cl Jamaica Rum
1,5 cl Mandarinenlikör
6 cl Orangenlikör
6 cl Ananassaft

Zum Garnieren:
1 Orangenscheibe
1 Cocktailkirsche

3 bis 4 Eiswürfel und die Zutaten im Shaker oder Mixer mischen und durch das Sieb in ein Longdrinkglas abgießen. Danach die restlichen Eiswürfel dazugeben. Das Glas mit der Orangenscheibe sowie der Kirsche garnieren und zusammen mit einem Trinkhalm servieren.
(auf dem Foto: links)

Million Dollar Cocktail

stammt aus Singapur

3 cl Gin
1 cl Vermouth Rosso
1 cl Vermouth Dry
12 cl Ananassaft
$^1/_2$ TL frisches Eiweiß
1 Spritzer Angostura Bitter
6–8 Eiswürfel

Alle Zutaten im Shaker oder Mixer zusammen mit 3 bis 4 Stück Eis mischen und durch das Sieb in ein mit 3 bis 4 Eiswürfeln gefülltes Longdrinkglas abgießen. Zusammen mit einem Trinkhalm servieren.
(auf dem Foto: rechts)

GLOBAL DRINKS

Wenn die Lichter in der einen Großstadt ausgehen, mixen am anderen Ende der Welt die Barkeeper den nächsten Global Drink. Die zwölf besten stellen wir Ihnen im folgenden Kapitel vor.

Paradise

wird weltweit serviert

- 5–6 Eiswürfel
- 3 cl Gin
- 1,5 cl Apricot Brandy
- 1,5 cl Orangensaft

Die Eiswürfel in den Shaker geben, die Zutaten darübergießen und das Ganze gut schütteln. Danach durch das Sieb in ein vorgekühltes Cocktailglas abgießen.

Bargeflüster:
Die Drinks, die man auf der ganzen Welt bestellen kann, haben häufig keine Väter mehr, dennoch kennt sie (fast) jeder. Sie werden in einer Moskauer Bar genauso zubereitet wie in Hong Kong oder Sydney. Da nahezu alle Global Drinks einen kurzen Namen haben, kann man sie auch spät nachts noch aufsagen.

Jedes Kreuzworträtsel fragt nach jenem „Wachholderdestillat mit drei Buchstaben". Gin? Eigentlich falsch, denn ein richtiger London Dry Gin entsteht auf der Basis eines Korndestillates, das – je nach Produzent – mit einer Dosis Wachholder, Koriander, Angelikawurzel und anderen Zusätzen aromatisiert wird.

Stinger
wird weltweit serviert

4 cl Cognac
2 cl Crème de Menthe weiß
7–8 Eiswürfel

Den Cognac und die Crème de Menthe im Mixglas zusammen mit den Eiswürfeln verrühren. Durch das Sieb in ein vorgekühltes Cocktailglas abgießen. Der Drink kann auch auf Eis im Tumblerglas serviert werden.

Champagner Cocktail
wird weltweit serviert

1 Würfelzucker
1 Spritzer Angostura
1 cl Cognac
12 cl gut gekühlter Champagner

Zum Garnieren:
1 Orangenscheibe
1 Cocktailkirsche

Den Würfelzucker in einem vorgekühlten Champagnerkelch mit Angostura tränken. Den Cognac, die Orangenscheibe und die Kirsche dazugeben. Mit Champagner aufgießen und leicht umrühren.

Grasshopper
wird weltweit serviert

2 cl Crème de Cacao weiß
2 cl Crème de Menthe grün
2 cl Sahne
5–6 Eiswürfel

Die Zutaten zusammen mit den Eiswürfeln im Shaker kurz schütteln und durch das Sieb in ein vorgekühltes Cocktailglas gießen.

Tip:
Ein Mix-Profi faßt ein Glas immer unten an. Auf diese Weise vermeidet er unappetitliche Fingerabdrücke am oberen Glasrand.

Bargeflüster:
In der hügeligen, gemächlichen, aber schönen Landschaft der beiden südwestfranzösischen Departements Charente und Charente Maritime wird eines der edelsten Wasser gebrannt. Ein Weinbrand, der unter dem Namen Cognac so weltberühmt wurde, daß er auch in den abgelegensten Winkeln der Welt immer noch bekannt ist, wo man längst nicht mehr weiß, wo Paris liegt …
Bis zum Ende des 17. Jahrhunderts wurde der gebrannte Wein aus Cognac und der weiteren Umgebung so hell getrunken, wie er in der Brennerei destilliert wurde. Weil aber der Absatz oft stockte, gewöhnten sich die Hersteller daran, allerdings eher widerwillig, den Weinbrand in Eichenholzfässern aufzubewahren – und sie entdeckten, wie gut ihm die Faßlagerung bekam. So entstand der Cognac, den wir heute kennen und schätzen. Viele klassische Cocktails werden auf der Basis von Cognac gemixt, und heute kennt ein guter Barkeeper ebensoviele Cognac-Cocktails wie solche aus anderen Spirituosen.

Side Car
wird weltweit serviert

3 cl Cognac
1,5 cl Cointreau
1,5 cl Zitronensaft
5–6 Eiswürfel

Die Zutaten im Shaker zusammen mit den Eiswürfeln schütteln. Den Drink durch das Sieb in ein vorgekühltes Cocktailglas abgießen.
(auf dem Foto: links)

Alexander
wird weltweit serviert

2 cl Cognac
2 cl Crème de Cacao braun
2 cl Sahne
5–6 Eiswürfel

Die Zutaten im Shaker zusammen mit den Eiswürfeln schütteln. Den Drink durch das Sieb in ein Cocktailglas abgießen.
(auf dem Foto: rechts)

Blue Lagoon
wird weltweit serviert

4 Eiswürfel
4 cl Wodka
2 cl Curaçao Blue
14 cl Limonade

Zum Garnieren:
1 Zitronenscheibe

Die Eiswürfel in ein Longdrinkglas geben. Wodka und Curaçao Blue darübergießen, mit Limonade auffüllen und kurz umrühren. Die Zitronenscheibe an den Glasrand stecken.
(auf dem Foto: links)

Sea Breeze
wird weltweit serviert

3–4 Eiswürfel
4 cl Wodka
5 cl Cranberry Juice
5 cl Grapefruitsaft

Die Eiswürfel in ein Tumblerglas geben. Die Zutaten darübergießen und das Ganze kurz verrühren.
(auf dem Foto: rechts)

Long Island Ice Tea
wird weltweit serviert

4–5 EL zerstoßenes Eis
2 cl Gin oder Tequila
2 cl Wodka
2 cl Weißer Rum
1 cl Triple Sec
2 Spritzer Zitronensaft
2 cl Coca Cola

Zum Garnieren:
1 Zitronenscheibe

Ein Longdrinkglas mit dem zerstoßenen Eis füllen. Die Zutaten darübergießen und umrühren. Die Zitronenscheibe ins Glas geben und den Drink zusammen mit einem langemn Trinkhalm servieren.

Bull Shot
wird weltweit serviert

2 Spritzer Zitronensaft
1 Spritzer Worcestershiresauce
1 Prise Selleriesalz
1 Prise schwarzer Pfeffer aus der Mühle
3–4 Eiswürfel
4 cl Wodka
10 cl Consommè double
(doppelt-konzentrierte Kraftbrühe)
evtl. etwas Tabasco

Den Zitronensaft, die Worcestershiresauce und die Gewürze in einem Tumblerglas verrühren. Die Eiswürfel dazugeben, mit Wodka und dem Consommé double auffüllen. Das Ganze verrühren, eventuell mit etwas Tabasco würzen und servieren.

Black Russian

wird weltweit serviert

3–4 Eiswürfel
4 cl Wodka
2 cl Kaffeelikör Kahlúa
(mexikanischer Kaffeelikör)

Die Eiswürfel in ein Tumblerglas geben. Den Wodka sowie den Kaffeelikör darübergießen und umrühren.
(auf dem Foto: links)

White Russian

wird weltweit serviert

3–4 Eiswürfel
3 cl Wodka
2 cl Kaffeelikör Kahlúa
(mexikanischer Kaffeelikör)
2 cl Sahne

Die Eiswürfel in ein Tumblerglas geben. Den Wodka sowie den Kaffeelikör darübergießen und umrühren. Die Sahne langsam über einen Barlöffel auf den Drink gleiten lassen.
(auf dem Foto: rechts)

Rezeptverzeichnis

Dieses Buch gehört zu einer Kochbuchreihe, die die beliebtesten Themen aus dem Bereich Essen und Trinken aufgreift. Sie erhalten die Titel überall dort, wo es Bücher gibt.

Sie finden uns im Internet: **www.falken.de**

Bei diesem Buch handelt es sich um eine überarbeitete Ausgabe des bereits unter dem Titel „Cocktails aus aller Welt" (1797) erschienenen Buches.

Dieses Buch wurde auf chlorfrei gebleichtem und säurefreiem Papier gedruckt.

Der Verlag dankt den Firmen WMF Aktiengesellschaft, Geislingen/Steige, und RASTAL, Höhr-Grenzhausen, für die freundliche Unterstützung.

ISBN 3 8068 2124 0

Umschlaggestaltung: Peter Udo Pinzer
Gestaltungskonzeption: Christa Johanna Gramm
Textbetreuung: Carlo Bernasconi
Redaktion dieser Auflage: Jürgen Knöppler
Umschlagfotos: vorne außen: **TLC-Foto-Studio GmbH**, Velen-Ramsdorf (Rezepte „Grashopper", Seite 58 und „Florida Sling", Seite 31); vorne innen: **FALKEN Archiv** (Rezepte „Screwdriver" und „Harvey Wallbanger", S. 32); hinten: **FALKEN Archiv**
Fotos: TLC Foto-Studio GmbH, Velen-Ramsdorf; außer: S. 1, 4, 6 oben, 6 unten, 7, 26 oben, 26 unten, 27, 29, 44 oben, 44 unten, 45, 52 oben, 52 unten, 56 oben, 56 unten: **FALKEN Archiv**; das Bild auf Seite 2 wurde dem FALKEN Verlag freundlicherweise von **Peter Roth**, Zürich, zur Verfügung gestellt.
Produktion: Dr. Reitter & Partner GmbH, Vaterstetten
Satz: Dr. Reitter & Partner GmbH, Vaterstetten
Druck: Appl, Wemding

017970197X817 6235